EUGÈNE MONNIER

L'ANCIENNE
ÉGLISE DE VANVES
ET SA NOUVELLE FLÈCHE

SANS POINÇON

PARIS
ALPHONSE LEMERRE, ÉDITEUR
27-31, PASSAGE CHOISEUL, 27-31
—
M DCCC LXXXVII

L'ANCIENNE
ÉGLISE DE VANVES
ET SA NOUVELLE FLÈCHE

SANS POINÇON

EUGÈNE MONNIER

L'ANCIENNE
ÉGLISE DE VANVES
ET SA NOUVELLE FLÈCHE

SANS POINÇON

PARIS
ALPHONSE LEMERRE, ÉDITEUR
27-31, PASSAGE CHOISEUL, 27-31

M DCCC LXXXVII

A

Madame SILVY

DE JEURE

EN TÉMOIGNAGE

DE MON PROFOND RESPECT

Eugène MONNIER.

On dit du roi FRANÇOIS I*er que, pour tourner en ridicule la longue liste de titres que l'empereur Charles-Quint étalait, il ne se servait, en lui faisant réponse, que de la qualité de*

ROI DE FRANCE

SEIGNEUR DE GONESSE ET DE VANVES.

HISTOIRE DU DIOCÈSE DE PARIS,
Par l'abbé LEBEUF.
Édition de M DCC LVII.

LA NOUVELLE FLÈCHE

SANS POINÇON

DE L'ÉGLISE DE VANVES

La flèche sans poinçon de l'Église de Vanves a été exécutée en 1873 et a fait le sujet d'un rapport de la Société centrale des Architectes, rapport dont l'impression a été votée dans son assemblée générale du 27 décembre 1883.

Voici le texte complet de l'extrait de ce rapport tel qu'il a été inséré dans le *Bulletin* de la Société centrale des Architectes (1):

---

(1) Voir, page 10, le *Bulletin* de janvier 1884 de la Société centrale des Architectes.

EUGÈNE MONNIER

L'ANCIENNE
ÉGLISE DE VANVES
ET SA NOUVELLE FLÈCHE

SANS POINÇON

PARIS
ALPHONSE LEMERRE, ÉDITEUR
27-31, PASSAGE CHOISEUL, 27-31

M DCCC LXXXVII

L'ANCIENNE

ÉGLISE DE VANVES

ET SA NOUVELLE FLÈCHE

SANS POINÇON

EUGÈNE MONNIER

L'ANCIENNE
ÉGLISE DE VANVES
ET SA NOUVELLE FLÈCHE

SANS POINÇON

PARIS
ALPHONSE LEMERRE, ÉDITEUR
27-31, PASSAGE CHOISEUL, 27-31

M DCCC LXXXVII

A

Madame SILVY

DE JEURE

EN TÉMOIGNAGE

DE MON PROFOND RESPECT

Eugène MONNIER.

On dit du roi FRANÇOIS I*er que, pour tourner en ridicule la longue liste de titres que l'empereur Charles-Quint étalait, il ne se servait, en lui faisant réponse, que de la qualité de*

ROI DE FRANCE
SEIGNEUR DE GONESSE ET DE VANVES.

HISTOIRE DU DIOCÈSE DE PARIS,
Par l'abbé LEBEUF.
Édition de M DCC LVII.

LA NOUVELLE FLÈCHE

SANS POINÇON

DE L'ÉGLISE DE VANVES

La flèche sans poinçon de l'Église de Vanves a été exécutée en 1873 et a fait le sujet d'un rapport de la Société centrale des Architectes, rapport dont l'impression a été votée dans son assemblée générale du 27 décembre 1883.

Voici le texte complet de l'extrait de ce rapport tel qu'il a été inséré dans le *Bulletin* de la Société centrale des Architectes (1):

(1) Voir, page 10, le *Bulletin* de janvier 1884 de la Société centrale des Architectes.

EXTRAIT DU RAPPORT

FAIT AU NOM DE LA 3e SECTION SUR LE SYSTÈME

DE CHARPENTE EMPLOYÉ PAR M. E. MONNIER

POUR LA CONSTRUCTION

DE LA FLÈCHE DE L'ÉGLISE DE VANVES

Cette flèche, de style ogival, est établie sur un plancher à enrayures situé au-dessus de l'amortissement des quatre contreforts en pierre de taille placés aux quatre angles du clocher : elle part d'un plan carré et prend la forme octogonale à son extrémité terminée par un lanternon. Cette disposition offre l'avantage de faire porter tout l'effort de la charpente sur les points les plus solides de la maçonnerie, c'est-à-dire sur les quatre contreforts d'angle du clocher, avantage qui ne se présente pas lorsque la flèche part immédiatement d'un plan octogonal, comme cela arrive souvent. Les deux derniers étages du clocher ont été construits en même temps que la flèche : le premier de ces étages présente à chaque face trois baies ogivales, et le deuxième, les cadrans de l'horloge accompagnés de petites baies étroites. Cet étage est couronné par une balustrade à jour flanquée aux angles de quatre pyramidions gothiques.

Toutes ces constructions sont à l'extérieur complètement isolées de la flèche, n'ayant de commun avec celle-ci que le chéneau en plomb se liant avec la couverture en ardoise, dont les eaux sont versées de chaque face par cinq orifices : la flèche n'est alors visible qu'à partir de la base de cette balustrade où on parvient par d'élégantes lucarnes ogivales.

L'ossature de cette flèche se compose de quatre contre-fiches, derrière lesquelles sont accouplés les arêtiers des fermes, dont les entraits forment la base du lanternon terminant la flèche ; le tout est lié et consolidé par plusieurs étages de croix de Saint-André et de moises horizontales.

L'espace à l'intérieur est complètement libre dans toute la hauteur jusqu'à l'enrayure supportant le lanternon ; c'est ainsi qu'on a pu y établir une suite d'échelles en fer avec paliers de repos permettant de monter facilement jusqu'au lanternon, d'où on jouit d'une vue charmante découvrant les hauteurs de Clamart, de Meudon, du mont Valérien, etc.

Cette charpente est d'une solidité à toute épreuve ; ce que nous avions déjà pu constater par un examen minutieux qui ne laissait aucun doute à cet égard, lorsqu'un fort ouragan vint à propos fortifier notre opinion : le vent s'engouffrait par toutes les ouvertures garnies d'abat-sons : nous n'avons en cette circonstance remarqué aucun mouvement ni craquement de la charpente ; ce qui permet de conclure que toutes les parties de cet ensemble sont parfaitement assemblées et solidaires.

Il y a là une innovation heureuse due à notre confrère, M. Monnier, et qui fournit un exemple de construction de flèche très solide, tout en évitant la surabondance de bois inutiles avec excès de force : c'est une épreuve tentée, d'autant plus importante à notre époque, que les bons bois de charpente deviennent rares et très chers : c'est donc un exemple à imiter et que votre Commission recommande vivement à l'attention des constructeurs.

Le Rapporteur,
A. CHAUDET.

Plusieurs considérations ont engagé l'architecte de la nouvelle flèche sans poinçon de l'Église de Vanves, à étudier un autre système de construction que celui généralement adopté jusqu'alors pour l'exécution de cette intéressante partie des édifices religieux :

1º La complication et la multiplicité des assemblages des bois de charpente employés pour l'ossature de la flèche de la Sainte-Chapelle, de celle de Notre-Dame, de celle de l'église Saint-Bernard, etc. ;

2º L'anomalie qu'il y a à faire supporter sur les vides des baies inférieures l'effort de la charpente des flèches à base octogonale, tandis que les contreforts ne sont pas utilisés pour cet objet;

3º L'effet disgracieux produit lorsqu'on regarde suivant la diagonale la transition entre la maçonnerie de la tour du clocher et la charpente de la flèche elle-même. *(Voir les deux dessins placés à droite et à gauche en bas du châssis.)*

Le but visé dans les trois paragraphes ci-dessus a été atteint en supprimant le poinçon sur lequel venaient aboutir les liens et les enrayures successives s'assemblant avec les arêtes de la flèche, et l'architecte y est parvenu en adoptant le plan quadrangulaire pour la base de la construction formant la première enrayure, et le plan octogonal pour la partie supérieure supportant le campanile, de telle sorte que quatre des côtés de l'octogone qui termine la première partie de la flèche forment les entraits de quatre fermes dont le sommet vient buter contre les doubles contreforts des angles. Les quatre entraits dont il vient d'être parlé étant reliés les uns aux autres par quatre pièces de charpente forment ensemble une enrayure octogonale solidement maintenue au moyen d'une ceinture en fer forgé régnant sur tout le développement de son périmètre.

Dans ces conditions, on voit qu'intérieurement cette partie de la flèche pouvait être laissée complètement libre.

L'architecte en a profité pour y installer les échelles en fer dont il est question dans le rapport de la Société centrale des Architectes, et qui conduisent à la deuxième partie de la flèche formant le campanile octogonal la terminant.

En dehors du système de construction entièrement nouveau appliqué ici, il est peut-être permis à l'architecte de faire remarquer le système symbolique de décoration adopté par lui, suivant la doctrine de Constant Dufeux sous les ordres duquel il a eu l'honneur d'être placé en qualité de sous-inspecteur, pour suivre les travaux de la flèche de l'église Saint-Laurent à Paris.

Dans la frise de la corniche couronnant l'étage de l'horloge de la tour, il a placé au milieu des feuillages décorant cette frise la colombe apportant la Sainte Ampoule qui a servi à saint Remi quand il a baptisé Clovis, voulant ainsi rappeler que saint Remi était le patron de l'Église de Vanves.

Dans la galerie régnant entre les pinacles terminant les contreforts de la tour, il s'est servi alternativement des végétations de la vigne et du blé pour rappeler le pain et le vin de l'Eucharistie dont il a complété le symbolisme en surmontant ce motif décoratif d'un cercle simulant l'hostie sur lequel sont gravés, d'un côté la croix du Christ, et de l'autre le chiffre de saint Remi.

Les écussons placés au-dessous des pinacles terminant les contreforts ont reçu les armoiries de François Ier qui, ainsi qu'il est rappelé au commencement de ces pages, en réponse aux nombreux titres dont s'affublait Charles-Quint lorsqu'il lui écrivait, se faisait gloire d'être simplement roi de France, seigneur de Gonesse et de Vanves.

L'ANCIENNE EGLISE

Comme tous les édifices datant de plusieurs siècles, l'Église de Vanves a subi dans sa construction diverses transformations.

La légende accompagnant le plan placé à la partie inférieure du châssis exposé, fera comprendre les différents changements opérés successivement.

La petite perspective placée à gauche montre l'état des constructions avant 1848, suivant un dessin du temps.

A cette époque, la mairie était adossée à l'église, et la tour du clocher s'élevait sur une des travées des bas-côtés de droite.

Vers 1850, cette tour, ainsi que la mairie et certaines autres parties de l'édifice, a été démolie, et c'est alors que fut construite la tour quadrangulaire avec la flèche à base octogonale figurant dans les divers dessins placés à gauche du châssis exposé.

Voici d'autre part certains renseignements sur l'histoire antérieure de Vanves et de son église, renseignements puisés dans l'ouvrage de l'abbé Lebeuf sur l'histoire du diocèse de Paris, dans le recueil de du Pié, dans le supplément de du Breuil, dans l'ouvrage de Piganiol.

La première charte où il est fait mention de Vanves date du temps du roi Robert; elle nous apprend qu'à cette époque *c'était un pays de vignes.*

Dès le milieu du XIIe *siècle, l'abbaye de Sainte-Geneviève* en possédait la cure.

Ce fut en l'an 1163 que le pape Alexandre III lui confirma tout ce qu'elle y possédait : *Apud Vanvas, Ecclesiam, terras et vineas et capitalia cum omni justitia quæ ad terras vestras pertinent.*

L'église est sous le titre de saint Remi, et sainte Geneviève en est la seconde patronne; elle fut dédiée l'an 1413, le dimanche d'après le Saint-Sacrement, c'est-à-dire d'après la Fête-Dieu, par Guillaume, évêque de Paris.

En 1757, on voyait dans l'aile gauche de cette église l'épitaphe en marbre d'un Jean Boisseau, verdurier de la reine.

On trouve dès le milieu du XIIIe siècle des preuves qu'il y avait dans l'église de Vanves une confrérie de saint Remi. Odeline, veuve de Roger de Grenelle, lui donna une vigne située à Chaillot; les confrères devaient payer chaque année en vendanges deux septiers de vin au curé de Vanves pour nommer cette dame dans les prières du dimanche : *In precibus Dominicalibus.*

Vingt ans auparavant, Guillaume, prêtre de Courcouronne, avait fait un legs à la même église de Saint-Remi de Vanves pour fonder son anniversaire. L'acte est de l'an 1232.

L'église de Vanves a toujours été des plus considérées parmi celles de la dépendance de l'abbaye de Sainte-Geneviève. Odon de Sully, évêque de Paris, la mit en 1202 dans le rang de celles qu'il exemptait du droit de procuration. L'année suivante, le même évêque augmenta l'étendue de la paroisse. Comme Jean de Toucy, abbé de Sainte-Geneviève, lui avait remis le peuple de Vaudherlan, à cause de son trop grand éloignement de Boissy, en compensation il attacha à la paroisse de Vanves une partie de celle d'Issy, c'est-à-dire qu'il y comprit ceux des habitants qui étaient dans la temporalité de l'abbaye de Saint-Pierre de Lagny, et ceux qui étaient sur la terre du chevalier Thibaud ; le tout du consentement de Pierre, prêtre d'Issy. La maison du nommé Étienne Brierche paraît avoir soulevé quelque difficulté : mais en 1239 ce particulier reconnut qu'il devait à Sainte-Geneviève et au prieur de Vanves la dixme de 55 agneaux, et celle de la laine de 55 brebis, parce que sa maison était située sur la paroisse de Vanves : On remarque aussi que le prieur avait alors avec lui un *socius* du même ordre; qu'en outre de l'église paroissiale, il y avait aussi une chapelle, laquelle était desservie par un religieux et n'était tenue qu'à un demi-droit pour le paiement du synode et de la visite. Son revenu était la dixme de laine à Vanves et à Grenelle.

Le prieur de Vanves Martin, devint célèbre du temps de Charles VII. Étant attaché à ce roi contre le parti du roi d'Angleterre, il fut arrêté par les Anglais et mis en prison avec Raoul Maréchal, abbé de Sainte-Geneviève.

L'écrivain qui rédigea le Pouillé de Paris au XIIIe siècle, y a mis la cure de Vanves au nombre de celles qui sont à la nomination de l'abbé de Sainte-Geneviève, et il écrit *Venves* sans latiniser aucunement ce nom. Cette cure a été omise dans le Pouillé manuscrit du XVIe siècle, et dans les deux éditions du siècle suivant, 1626 et 1648; dans ce dernier elle se trouve sous le titre de prieuré cure. Celui de Le Pelletier, de l'an 1692, l'appelle *Vannes* comme Vannes, en Bretagne.

Les archives de Sainte-Geneviève ne fournissent pas moins de quoi satisfaire la curiosité sur le temporel de la seigneurie que sur le spirituel de Vanves.

La plus ancienne preuve qui s'y trouve de l'exercice du droit seigneurial est du temps du roi *Henri I*[er] sous le règne duquel Étienne, doyen de cette abbaye, *accorda l'affranchissement au fils de Jean*, maire de ce lieu. C'est pour conserver à la postérité tout ce qui sert à prouver que les habitants des villages naissaient serfs de leur seigneur, que les chanoines réguliers de cette maison insérèrent dans leur cartulaire la permission que le roi Louis VII donna en 1172 à Gameline, fille de Clérambaud, maire de Clichy, de se marier à Gautier, maire de Vanves. Les affaires de la servitude se traitaient fort sérieusement. Quelques hommes de Vanves ayant prétendu n'être pas tenus à la mainmorte, ils ne purent être réduits à leur devoir que par une sentence du légat..... *quod caducunt id est manum mortuam debent;* et pour rendre cette sentence plus solennelle, ce légat eut, entre autres assesseurs; Henry, évêque de Senlis; Guillaume, abbé de Saint-Denis; Hugues, abbé de Saint-Germain; Anfold, abbé de Saint-Corneille de Compiègne; Barbedaur, doyen de Paris; Girard, archidiacre de la même église; Michel, doyen de Meaux; Messire Girard Pucelle; Bernard de Pise; Gui, trésorier de Novare;

Simon de Tournay, et Herbert de Boschant, tous qualifiés maîtres : ce dernier avait été clerc de Saint-Thomas de Cantorbéry. Cet acte est d'environ la fin du règne de *Louis le Jeune*. Mais en 1247, Thibaud, abbé de Sainte-Geneviève, accorda à tous les habitants de Vanves les mêmes conditions. Louis confirma cet affranchissement à condition que les habitants viendraient au secours de l'Église quand ils seraient mandés. Ces sortes de libertés que donnaient les seigneurs ne se faisaient pas sans quelques redevances, et il paraît que Vanves était un lieu où l'abbaye imposait une taille toutes les fois que le roi en réclamait une pour la guerre. Ainsi Vanves fut imposé à *douze* francs l'an 1242, par l'abbaye même, et à *quinze* livres en 1272, lorsque Philippe le Hardi arma contre le comte de Foix. Les maires des villages avaient les biens du seigneur en maniement, plus ou moins librement, suivant la volonté de ce seigneur. Herbert, abbé de Sainte-Geneviève, par exemple, en accordant la mairie de Vanves à Robert, fils de Girold, dit le Roy, en 1230, se réserva ce qu'on appelait *Tractum Granchiarum tam de Vanvis quem de Garanellis* et lui donna trois arpents de prés proche la prairie du côté d'Issy. La même abbaye avait dans le même siècle des vignes en ce lieu et plusieurs pressoirs. L'un des pressoirs est dit situé en 1224 *ad quartum portum*. Il est parlé à cette occasion des vignes que Galeran, doyen de Saint-Frambaud de Senlis, vendit. Un autre pressoir était situé *in colle*. Il avait été vendu à l'abbaye par plusieurs particuliers en 1241.

Une des maisons les plus notables du lieu était alors celle de maître Jean de Saint-Quentin, laquelle fut saisie par le roi saint Louis pour raisons non stipulées dans les titres. Le prévôt de Paris ne se rendant pas aux représentations des religieux de Sainte-Geneviève qui disaient qu'il leur était dû de grosses sommes sur cette maison : Philippe, archevêque de Bourges ; Adam, évêque de Senlis ; Renaud, évêque de Paris ; et Jean, évêque d'Évreux, étant à Pontoise avec la cour, le mercredi après la Saint-Martin d'hiver de l'an 1250, écrivirent, après enquête faite, de la part du roi et de la reine aux officiers de la Prévôté, de solder à l'abbaye de Sainte-Geneviève tout ce que cette maison lui devait. Le prévôt de Paris, Pierre Seniau, fut mis aussi en règle avec cette abbaye au sujet de la justice de ce lieu, vers l'an 1287. Après une enquête, la haute justice fut adjugée à l'abbaye. Le nécrologe de la même communauté fait mention de vignes léguées par un Philippe appelé *Notator* que les religieux ont qualifié *Canonicus noster ad succurrendum ;* et d'autres biens donnés par Jeanne, femme de Jean Martin de Vanves, décédée à Château-Thierry.

Il reste à parler d'un autre droit assez singulier que l'abbaye de Sainte-Geneviève avait sur les habitants de Vanves. Tous les ans, le jour de la Trinité, il y avait une cérémonie à Vanves qu'on appelait la *Fête de l'Épée*. Elle consistait en ce que les domestiques des bourgeois de ce lieu et d'autres donnaient un prix à celui d'entre eux qui, prenant sa course à la porte d'Enfer, de Paris, atteindrait le premier *la porte de Vanves,* et ce prix était une épée d'une valeur assez considérable. Il fallait que quelqu'un donnât aux coureurs le signal pour partir de la porte d'Enfer à Paris. L'abbé et les chanoines de Sainte-Geneviève prétendaient avoir ce droit, ou plutôt leur chambrier, comme étant seigneur du lieu, et alléguaient la possession depuis quelques années. Les habitants de Vanves prétendaient le contraire. Jean de Borret, abbé, fit là-dessus un accord avec eux l'an 1342. On ignore combien de temps dura cet usage de la course de Vanves. Il fut enfin aboli à cause des querelles et des batteries auxquelles il donnait occasion. On observera en passant qu'il y avait alors une porte à Vanves qui, par conséquent, était un bourg fermé. Peut-être que ce fut la cessation de la course pour l'épée qui donna occasion aux mêmes habitants de Vanves d'introduire un autre exercice pour l'hiver. En effet, ils s'avisèrent, sous le règne de Charles VI, de jouer dans les vignes et de s'y exercer à la crosse. Mais, d'après les registres du Châtelet, cela leur fut défendu le 20 décembre 1409.

L'abbaye de Saint-Magloire y avait des vignes, que le roi Hugues Capet lui avait données au Xe siècle, et que le roi Robert, son fils, lui confirma à la prière de la reine Adélaïde, et le prieuré de Notre-Dame-des-Champs, de Paris, y avait obtenu, par le moyen du prieur, Alexandre, quelques petites rentes d'un nommé Vauttier Calunge, du consentement d'Ameline, sa femme ; enfin Barthélemy *de Fulcosia* (c'est-à-dire de Fourqueux), avait donné au même prieuré un moulin situé à Vanves appelé Bercherel. Les Chartreux ne tardèrent pas non plus à y avoir des propriétés. Le nom de *Jean de Vanves* est marqué dans leur nécrologe, en mémoire de ce que ce bourgeois de Paris leur donna, par son testament, vers la fin du règne de Philippe le Bel, huit livres parisis ou dix livres tournois de rente sur tous ses biens situés à Vanves, sous réserve d'employer cette somme chaque année à l'achat d'une queue de vin vermeil pour les messes. Un autre Parisien, nommé Philippe Oger, maître des comptes, leur légua en mourant, l'an 1380, une vigne située à Vanves, qu'ils ont vendue depuis. Dès le XIIIe siècle, les Mathurins nouvellement établis à Paris, eurent des terres à Vanves, à l'occasion desquelles, aussi bien que pour la permission à eux accordée de s'établir et d'avoir des vignes à Montcervin, ils payaient chaque année dix sols de rente à l'abbaye de Sainte-Geneviève. Enfin le fondateur du collège de Boissy, qui vivait sous le roi Jean, laissa pour le doter de grandes propriétés situées à Vanves, ainsi que le prouve son testament rapporté par Duboulay.

Il ne faut pas oublier de remarquer qu'il y a eu d'autres seigneurs de Vanves que l'abbaye de Sainte-Geneviève. En *1228*, Barthélemy du Coudray et Marguerite, sa femme; Amaury d'Issy avec sa femme Odeline; Raoul du Plessis, chevalier; Philippe de *Montegeriaco*, écuyer, avec Alix sa femme, y possédaient tous en commun une voirie, *Viatoriam*, dans laquelle ils permirent à tous ceux qui avaient des vignes de vendanger sans leur en faire la réquisition. Le continuateur de du Breul écrivait en 1639 qu'il y avait *trois seigneurs*, y compris cette communauté. Quelques archevêques y ont eu un hôtel ou maison aux XIVe et XVe siècles, mais on ignore si ces demeures étaient seigneuriales. Celle qui fut donnée avec d'autres propriétés du même lieu, en 1423, par le roi d'Angleterre Henri V, qui se disait roi de France, à Jean de la Rochetaillée, cardinal-archevêque de Rouen, pour tenir lieu de la somme de mille livres à lui due pour ses gages, venait de Jean et Simon

Tarenne, attachés à Charles VII, auxquels Henri V l'avait ôtée. Peut-être était-ce la même qui appartint depuis au célèbre Antoine du Prat, mort archevêque de Sens en 1535. Celle de ce dernier était située du côté de Clamart. Sauval écrit que de son temps il en était resté une tour marquée de ses armes et que ce fut là qu'il demeura en 1530 attendant que tout fut disposé pour son entrée à Paris en qualité de légat *a latere*. L'une des deux *seigneuries laïques de Vanves* appartenait au XVIe siècle à *Jean Le Prevot*, conseiller au Parlement et président des enquêtes, qu'on trouve aussi qualifié *Seigneur de Malassis*, et depuis sa mort, Anne Leclerc, sa veuve, *en fut appelée dame de Vanves dans la coutume de Paris 1580*. C'est sans doute dans la maison de cette seigneurie qu'il fut permis, en 1611, à Jean Le Prevot, seigneur de Saint-Germain, de faire célébrer la messe. Elle appartint dans la suite à M. Le Prévot, chanoine de Notre-Dame, conseiller au Parlement. Il est qualifié seigneur de Vanves dans les actes dressés à l'occasion des scellés apposés après son arrivée, l'an 1661, en sa maison située en ce lieu. L'auteur, qui a continué du Breul en 1639, s'est fort étendu à faire la description de la belle maison, chapelle, jardin avec bassins, labyrinthe, bocages appartenant à ce chanoine conseiller dont l'imprimeur a corrompu le nom en celui de Pidor.

Une *autre grande maison* dont le même auteur parle à l'article de Vanves, est celle du sieur Saint-Germain de Lasis, qu'il dit aussi avoir une justice en ce lieu. Elle était située au commencement du village, en venant d'Issy. Les jardins étaient ornés de statues de marbre et d'une pièce d'eau remplie de poissons. Enfin, cet écrivain vante fort une *troisième maison* qui appartenait à mademoiselle de la Barre, laquelle maison était couronnée d'une sorte de belvédère en plomb qui se voyait de fort loin et était entourée de jardins ornés de statues, etc., mais sans eau, à cause de sa situation sur une éminence. C'est probablement celle que M. de Montargis fit abattre en 1698 pour la rebâtir sur les dessins de Mansart. En 1716, Claude Lebas de Montargis, greffier des ordres du roi, conseiller d'État, était qualifié seigneur de Vanves. Ainsi, il aurait succédé à la seigneurie de la demoiselle de la Barre. Quoi qu'il en soit, cette seigneurie et ce château situés du côté d'Issy furent achetés en 1718 par M. le duc de Bourbon pour lui servir de maison de plaisance, dans un temps où son assiduité auprès du roi ne lui permettait plus d'aller souvent à Chantilly. La description qu'on en trouve dans Piganiol, d'après un journal périodique, fait remarquer que ce château est bâti sur le haut de la montagne dans un lieu inculte, mais avec tant d'art que ce qui faisait une défectuosité se trouve heureusement changé en magnifiques terrasses dont la vue est charmante de tous côtés. Dans la partie la moins élevée de la propriété se trouve un grand bassin dont on voit le jet d'eau au travers du vestibule. Quoique le parc ne soit pas d'une grande étendue, il répond parfaitement à la magnificence des jardins par la variété des ornements et des beautés de la nature et de l'art qu'on y a conservées ou exécutées. Cet immeuble est occupé aujourd'hui par un lycée national qui portait sous l'Empire le nom de lycée du Prince Impérial et qui actuellement se nomme simplement lycée de Vanves, sans avoir pour cela perdu de son importance.

Eugène MONNIER,
Architecte,
S. C.

EXTRAIT

DU

LIVRET DU SALON DE 1887

Pages 398 et 399.

MONNIER (Jules-Eugène), né à Lure (Haute-Saône), élève de M. Guenepin. — **EX**. — Rue Washington, 19. (S^{re})

4860 — *L'ancienne église de Vanves (Seine) et sa nouvelle flèche sans poinçon exécutée en 1873, — un châssis, un modèle en relief et une notice imprimée.*

1. Plan de l'église et de ses abords aux diverses époques de sa construction ; vue de l'église avant 1848 ; photographie de l'aspect des travaux pendant l'exécution de la flèche sans poinçon en 1873. — 2. Façade principale de l'église en 1858. — 3. Photographie de l'état de l'église après les événements de 1870-1871. — 4. L'ancienne flèche vue suivant la diagonale du plan de la tour quadrangulaire qu'elle surmonte. — 5. La nouvelle flèche sans poinçon vue suivant la même diagonale. — 6. Détails comparatifs de la nouvelle et de l'ancienne construction. — 7. Elévation principale, coupes et plans à diverses hauteurs des nouvelles constructions. — 8. La façade latérale de l'église après les travaux de 1873. — 9. Photographie de l'état de l'église après les travaux de 1873.

TABLE

Dédicace 5
François Ier, roi de France, seigneur de Gonesse et de Vanves 7
La nouvelle flèche sans poinçon de l'Église de Vanves. 9
Extrait du rapport fait au nom de la 3e section de la Société Centrale des Architectes, sur le système de charpente de la nouvelle flèche de l'Église de Vanves. 10
L'architecture symbolique des travaux exécutés en 1873 à l'Église de Vanves 13
L'ancienne Église. 15
920 environ. — Charte du roi Robert. 16
1050 environ. — Étienne, doyen de l'abbaye de Sainte-Geneviève, accorde l'affranchissement au fils de Jean, maire de Vanves. 19
1163. — Bulle du pape Alexandre III accordant la cure de Vanves à l'abbaye de Sainte-Geneviève. . . 16
1172. — Le roi Louis VII accorde à Gameline, fille de Clérambaud, maire de Clichy, la permission de se marier à Gautier, maire de Vanves 19
1202. — Odon de Sully, évêque de Paris, exempte l'Église de Vanves du droit de procuration. . . 17

1230.	— Herbert, abbé de Sainte-Geneviève, accorde la mairie de Vanves à Robert, fils de Girold, dit Le Roy	20
1239.	— Étienne Brierche reconnaît qu'il doit à Sainte-Geneviève la dixme de 55 agneaux et celle de la laine de 55 brebis, parce que sa maison est située sur la paroisse de Vanves.	17
1247.	— Thibaud, abbé de Sainte-Geneviève, affranchit les habitants de Vanves.	20
1252.	— Odeline, veuve de Roger de Grenelle, donne au curé de Vanves une rente de sept septiers de vin pour que son nom soit prononcé dans les prières du Dimanche *in precibus dominicalibus*	16
1272.	— Vanves paie un impôt de 15 livres pour soutenir Philippe le Hardy dans sa guerre contre le comte de Foix	20
1314.	— Jean de Vanves donne par testament aux Chartreux 8 livres parisis ou 10 livres tournois de rente, sous réserve d'employer cette somme à l'achat d'une queue de vin vermeil pour les messes . .	23
1342.	— Vanves bourg fermé. La fête de l'Épée. . . .	22
1409.	— 20 décembre. — Le jeu de la Crosse remplaçant le jeu de l'Épée est supprimé.	23
1413.	— Guillaume, évêque de Paris, dédie l'église de Vanves à saint Remy et à sainte Geneviève, le dimanche après le Saint-Sacrement, c'est-à-dire après la Fête-Dieu.	16
1423.	— Henri V, roi d'Angleterre, donne à Jean de la Rochetaillée, cardinal-archevêque de Rouen, les biens que Jean et Simon Tarenne, partisans de Charles VII, roi de France, possédaient à Vanves	24
1430.	— Martin, prieur de Vanves, prisonnier du roi d'Angleterre.	18
1530.	— Antoine du Prat, archevêque de Sens, attend à Vanves qu'on ait pris à Paris les dispositions nécessaires pour le recevoir en qualité de légat *a latere*.	25

1692. — Le Pouillé de Le Pelletier écrit Vannes, comme Vannes en Bretagne, et non Vanves 18
1718. — Le duc de Bourbon achète le domaine seigneurial de Vanves, dans lequel il fait élever le château actuellement occupé par le lycée, désigné du temps de l'empire sous le nom de lycée du Prince-Impérial et dénommé actuellement lycée de Vanves . . . 26
1757. — Épitaphe de Jean Boisseau, verdurier de la Reine 16
1850. — Le clocher de l'ancienne Église et les bâtiments de la mairie appuyés contre l'Église sont démolis 15
1858. — Reconstruction sur d'autres bases du clocher démoli en 1850 15
1873. — Restauration de l'Église et construction de la flèche sans poinçon 13
Extrait du Livret du Salon de 1887 29

PARIS — IMPRIMERIE CHAIX, RUE BERGÈRE, 20. — 8018-7.

www.ingramcontent.com/pod-product-compliance
Lightning Source LLC
Chambersburg PA
CBHW060938050426
42453CB00009B/1063